उसी में कैद
उसी से रिहा

शिखा श्रीवास्तव

First Published in August 2022

ISBN: 978-93-5628-252-0

BLUEROSE PUBLISHERS
www.BlueRoseONE.com
info@bluerosepublishers.com
+91 8882 898 898

Cover Design:
Muskan Sachdeva

Typographic Design:
Rohit

Distributed by: BlueRose, Amazon, Flipkart

समर्पित माँ पापा को...

जब पीड़ा चुन ले शब्दों को
अर्थ अनंत हो जाये,
किसके आँसू, किसकी व्यथा
भेद सभी मिट जाये।

घनघोर उदासी मन की
जब अम्बर तक जाये,
आँगन में तो उतरे पंछी
पर दाना चुग न पाये।

कुछ तेरी है, कुछ मेरी है
सबके हिस्से बँट जाये,
पीर अधूरी ही कह पाते
दुविधा किसको बतलायें।

पटाक्षेप हो गया तमाशा
मन को कैसे समझायें,
खाली-खाली मंचों पर जो
फिर-फिर नज़रें जायें।

-शिखा

दिल की क़लम से...

अक्सर मेरे आसपास नयी-पुरानी डायरियों का जमघट होता है, और कुछ पन्ने सहेजे से तो कुछ बिखरे से पड़े रहते हैं। कुछ न कुछ लिखते रहना मेरी आदत में शुमार है। पर क्या लिखती हूँ और क्यों लिखती हूँ.... सोचती हूँ तो ठीक-ठीक जवाब नहीं मिलता। बस कभी कोई ख्याल, कभी कोई अहसास जब मेरे दिल-ओ-दिमाग में ठहर जाता है और मेरे जज़्बातों को आंदोलित करने लगता है तो वहीं किसी कविता, गज़ल या गीत के सांचे में ढलकर मेरे सहेजे गये पन्नों का हिस्सा बन जाता है। प्यार, मोहब्बत, आँसू, आहें, मुस्कुराहटें, तकरार, इसरार, खोना-पाना, रिश्ते-नाते, मजबूरियाँ... इन भावनाओं से शायद ही कोई अछूता रह पाता हो। इनमें डूबकर जब मैं बाहर निकलती हूँ तो वही मेरी संवेदनाओं की गुहार बन जाता है।

मेरी आम सी ज़िंदगी से बावस्ता हैं ये तहरीरें जिनमें अपनी और परायी पीर का फर्क धुँधला जाता है। मन में जो महसूस होता है, उसे जब कागज़ों पर उकेर लेती हूँ तो लगता है मानो पार उतर गयी।

कभी-कभी सोचती हूँ कि क्या ये बस कोई आदत है, शौक़ है या फिर कोई नेमत! कोई मुआफिक सा जवाब तो नहीं मिलता पर लिखते रहना बादस्तूर जारी रहता है। जब कभी टटोलती हूँ इन्हें, तो एक सफर दिखाई देता है इनमें, और उस सफर में आने वाले हर पड़ाव का एक मंज़र भी।

अब जब यह सोचा कि जगह-जगह बेतरतीब से बिखरे हुए इन कागज़ातों को कोई माकूल सी शक्ल दी जाये तो यह सवाल भी खड़ा हुआ कि इसे नाम क्या दिया जाये! तो सोचा कि जिन मुख़्तलिफ़ से अहसासों को लेकर मैं बहुत बेबाक नहीं हो पाती, जिनकी छटपटाहट मेरे अंदर लगातार बनी रहती है, मैं जिसमें क़ैद भी हूँ, और जिससे रिहा भी, वो जो मेरी इज़्तिराब-ए-तबियत है, वही तो है मेरी कहानी, उसी को तो कहना है मुझे अपनी ज़ुबानी.....

कभी आग, कभी तूफाँ, कभी पानी है
जाने क्या-क्या मेरी कहानी है!

गर जान लो तुम, तो सुकूँ से रह सकोगे
मेरी इज़्तिराब ए तबियत को सह सकोगे
मैं उसी में हूँ क़ैद, उसी से रिहा
ये जो तिलस्म ए ज़िन्दगानी है....

कभी आग, कभी तूफां, कभी पानी है
जाने क्या-क्या मेरी कहानी है!

शुक्रगुज़ार हूँ.....

सबसे पहले उनका, जिन्होंने मुझे अपने वजूद का हिस्सा बनाया
मेरी माँ श्रीमति सीता वर्मा एवं पापा श्री यशवंत राय वर्मा ....

फिर उनका, जिन्होंने मुझे ऐसे ही चाहा, जैसी मैं हूँ
मेरे पति रजनीश...

फिर उनका, जिन्होंने मुझे अनुभूतियों का नया पैमाना दिया
मेरे बेटे शिखर और प्रखर....

फिर उनका, जिनके साथ पलती-बढ़ती मैं ऐसी बनी, जैसी हूँ,
मेरे भाई आलोक, अनुराग, अरविंद....

फिर उन सभी अपनों का, साथियों का, निगहबानो का...
जिन्होंने मुझे ऐसे ही सराहा, जैसी मैं हूँ!

शिखा श्रीवास्तव

कुछ रचनाकार के बारे में

श्रीमती शिखा श्रीवास्तव का जन्म प्रकृति की गोद मे बसे हुए, झीलों के शहर भोपाल में १३ जुलाई १६६३ को एक सम्पन्न कायस्थ परिवार में हुआ। आपके परिवार में विभिन्न अभिरुचियों का अद्भुत समायोजन रहा। आपके पिता स्व. श्री यशवंत राय वर्मा एक प्रशासनिक अधिकारी थे, तथापि साहित्य में उनकी गहरी रुचि होने के कारण आपने अंग्रेजी तथा हिंदी साहित्य, दोनों में उच्च शिक्षा प्राप्त की। आप विगत ३५ वर्षों से मध्य प्रदेश शासन के उच्च शिक्षा विभाग में अंग्रेजी साहित्य के अध्यापन में संलग्न हैं।

आपके पति श्री रजनीश श्रीवास्तव भी भारतीय प्रशानिक सेवा में पदस्थ रहे जिनकी अद्भुत कार्यप्रणाली में मानवीय पहलुओं के सामंजस्य ने हमेशा ही आपको प्रभावित किया। आपके दो पुत्र रत्न हैं जो कि अपनी-अपनी अभिरुचियों के क्षेत्र में बेहतर प्रयासों के साथ अग्रसर हैं। इस पुस्तक का आशय रचनाकार द्वारा समय-समय पर लिखी गई उन रचनाओं को प्रकाशित करना है जो मानवीय संवेदनाओं से भरपूर होने के साथ-साथ अपने विशिष्ट लेखन शैली और चुनिंदा शब्द चयन के कारण हमेशा ही अपने पाठकों को आल्हादित करती रहीं।

चंद पंक्तियाँ उद्धत हैं....

चहकते नहीं परिंदे हादसों के शहर में
सन्नाटे भी किसी शोर को तरसते हैं।

पैसे लेकर आ गये हम रौनक ए बाज़ार में
चलिए कुछ खुशियाँ खरीद के रख लेते हैं।

जो इतनी सारी रचनाओं में समेटने की कोशिश की वो इस प्रतिबिम्ब में बयाँ हो गया। सारे अहसासात, सारे ख़्यालात और सारी कही-अनकही बेचैनियाँ......

दिल से शुक्रिया, डॉ. लक्ष्मी श्रीवास्तव....
आपने मेरी कविताएँ पढ़ने से पहले मेरी दुविधाएँ पढ़ लीं।

शिखा श्रीवास्तव

उसी में क़ैद, उसी से रिहा

दिल से शुक्रिया डॉ. रेखा कस्तवार, मेरी तहरीरो में रची बसी रूह को महसूस करने और मेरी किताब को एक मौजू नाम देने के लिये....

सिलसिले

ग़म की बिसात

ग़म की बिसात पर हमने
खुशियों के दाँव खेले,
न कभी खुशियाँ थी अकेली,
न गम अकेले।

सफर में चला मेरा नसीब
अपने हादसों के साथ,
न कभी रास्ता था अकेला
न हम अकेले।

वो इस तरह आते हैं क़रीब
अपने फासलों के साथ,
न इश्क होता है अकेला
न सितम अकेले।

किस्से सबके हैं अजीब
अपनी तफ़सीलों के साथ,
न कहीं यक़ीं है अकेला
न वहम अकेले।

सुकून ज़िन्दगी का

सुकून ज़िन्दगी का
ख़ज़ाना सा हो गया,
किसी को मिला नहीं
किसी का खो गया।

तमाम उम्र हमने
हिसाबों में बिता दी,
कर्ज़ फिर भी सिर हमारे
बेइंतहा हो गया।

वो मुद्दई भी थे
और गवाह भी ख़ुद के,
देखिये फिर फैसला
उनके हक़ में हो गया।

कुछ तो कहता
मेरा ग़मख़्वार मुझसे,
वो आशना था मेरा
जाने क्यूँ ख़फा हो गया!!

उनसे मोहब्बत का

उनसे मोहब्बत का हम पर
इल्ज़ाम लगा है,
चलो इस इल्ज़ाम से भी
मोहब्बत कर लें।

वस्ल-ए-ख़ुदा की नहीं
कोई तमन्ना हमको,
बस मन में बसी मूरत की
इबादत कर लें।

निगाहों पर जो पहरे
लगाते हैं दम-ब-दम,
ख़ुदारा उन मज़ूमदारों से
अदावत कर लें।

उम्र गुज़ारी है तमाम
दहलीज़ के भीतर,
अब बाख़ुदा रवायतों से
बग़ावत कर लें।

ज़माने भर से दोस्तियां
निभाना फ़िज़ूल है,
कुछ चुनिंदा मेहरबानों से
सियासत कर लें।

मशविरे तो हैं बहुत

मशविरे तो हैं बहुत
मेरे आसपास
गुम मगर कहीं हो गई
मेरी ही आवाज़
जो बात है दिल में छुपी
उसकी नहीं ज़ुबां
कुछ लफ़्ज़ों में क्या कहूँ
मैं अपनी दास्ताँ
हर लम्हे का बाद में
होगा कभी हिसाब
है दौर-ए-इम्तेहां अभी
है वक़्त ये ख़राब!

गुज़रा है जो वक़्त भी
कैसे करूँ बयां
क्यूँ मेरी कोशिशों के
दिखते नहीं निशां
खुदारा इन सवालों का
कोई नहीं जवाब
मत पूछिए पर काट के
परिंदों की परवाज़!

ढूँढते हैं सब अपना ख़ुदा
अब तक नहीं मिला
हर चेहरे को देखिए
सौ परतों में छुपा
कोई है ख़ुद से ख़फ़ा
कोई बदगुमां
इस दिल से आशना
कोई नहीं यहाँ
शायद इन सूरतों से
उतरे कभी नक़ाब
मिल जाए भीड़ में कहीं
कोई दिल नवाज़!

मैं माँ हूँ

मैं माँ हूँ
मैंने प्राणों को सींचा है
महसूस किया है
प्रकृति के स्पंदन को
अपने अंदर
बढ़ी हूँ उसके साथ-साथ.....

फूलों का खिलना
पत्तों का झड़ना
तारों का टिमटिमाना
और गुम हो जाना बादलों में
सूरज का चमकना
और ढल जाना सुदूर आँचलों में
सब देखा है अपने आसपास।
फिर भी हैरान हूँ कि ये कब हो गया
मेरा नन्हा बेटा युवा हो गया !

कब उसके छोटे-छोटे पैरों का
नाप इतना बढ़ गया
कब उसके नन्हें-नन्हें कदमों का
माप इतना बढ़ गया!

कब बदल गयी उसकी खुराक़
कब आवाज में उसकी गूँज उठा नाद!

कब अबोध चेहरे पर
ठहर गया संज्ञान
कब प्रश्न पूछते-पूछते
वो करने लगा समाधान!
कब घर की दहलीज़ को
दुनिया की हद तक
खींच दिया उसने
कब मेरी चिंताओं पर
हँसना सीख लिया उसने!

मैं सोच में पड़ जाती हूँ
अक्सर आशंकाओं से घिर जाती हूँ
इतने सवाल, इतने ख्याल
पर वो अपने में व्यस्त
अपनी दिनचर्या में निढाल
मेरे मन की उलझन से
कुछ-कुछ वाकिफ, कुछ बेख्याल।

बीते हुये सालों में
बहुत कुछ बदल गया लगता है
पर सोते हुये आज भी मुझको
वो मासूम सा लगता है।

आज भी उसकी निश्छल हँसी
कर जाती है मुझको आश्वस्त
कि सब कुछ तो है सही
सब कुछ तो है शाश्वत।
कुछ पल अब भी आते हैं
जब वो सहम जाता है
मेरे अन्जाने गुस्से से
और देता है सफाईयाँ...
तब मैं फिर जी लेती हूँ
उसका बचपन
और छू लेती हूँ
उस बचपन की
मासूम परछाईयाँ
छू लेती हूँ उस बचपन की
मासूम परछाईयाँ।

जब पीड़ा चुन ले शब्दों को

जब पीड़ा चुन ले शब्दों को
अर्थ अनंत हो जाये,
किसके आँसू, किसकी व्यथा
भेद सभी मिट जाये।

घनघोर उदासी मन की
जब अम्बर तक जाये,
आँगन में तो उतरे पंछी
पर दाना चुग न पाये।

कुछ तेरी है, कुछ मेरी है
सबके हिस्से बँट जाये,
पीर अधूरी ही कह पाते
दुविधा किसको बतलायें।

पटाक्षेप हो गया तमाशा
मन को कैसे समझायें,
खाली-खाली मंचों पर जो
फिर-फिर नज़रें जायें।

मन दर्पण का उजियारा

मन दर्पण का उजियारा
फैला चारों ओर,
जग की होवे रतिया कारी
मेरे अंतर भोर।

प्रीत नीर सी जानिये
बह चले सब ओर,
अपनी गागर भर लीजे बस
नहीं कीजिये जोर।

पंछी पाहुने पहुँच गये
सब अपने-अपने ठौर,
प्रीतम घर को आ गये
अब भरम नहीं कोई और।

लगन तिहारी होवे जिसको
नहीं पड़े कमजोर,
बाती इक ही दूर करे
अंधियारा घनघोर।

ख़्वाबों के तकिये पर

ख़्वाबों के तकिये पर
सर रखकर
वो बेचैनियों के
बिस्तर पर सोता है...
कोशिशों के
कच्चे धागों में
उम्मीदों के मोती
पिरोता है।

जानता है यहाँ पर
है कोई नहीं
इनका दीदावर
फिर भी
सीने पे सजाकर
अपने हौसलों को
चलता है।

तोड़ी हो शायद कई बार
शाखें उसूलों की उसने
होकर बेज़ार
पर कू-ए-दिल में वो
रुह को सलामत रखता है।

उस हिमालय की गोद में

उस हिमालय की गोद में
नन्हें पौधे से उपजा
मेरा बचपन
और सींचता रहा उसको
निश्छल, सरल महुए सा
महकता एक अपनापन...
मैं आश्वस्त थी
देखकर उस अडिग, अचल
प्रशस्त शिखर को
जानती थी
छू न पाएँगे मुझको
कोई झंझावात
कोई प्रहार ।
कितने फूल समेटे
मैंने अपने दामन में
कितने बसंत देखे
धूप-छाँव से वो दिन
सब थे एक समान
खुशियों का मौसम था जारी
दुख थे बस मेहमान ।

पर अब बीत गए
कितने ही बरस
बिन देखे आस-पास
वो आश्वस्त करतीं बातें
वो दुलारती निगाहें
वो हॅसाने की कोशिशे
वो मनाने की चाहें।
वक्त के फेरे से शायद
लगने थे ये घात
कुछ पाने, कुछ खोने के
कितने गहन अहसास।
बस अब अब बाकी है
यही एक अहसास
कि हिमालय अपनी प्रकृति
नहीं बदलता है
इसके साये तले बस जीवन
पनपता है
हम आज भी महफूज हैं
उन पनाहों में
जो उम्र भर हम पर छाई रही
सुनहरी धूप की तरह
और तपते दिनों में
देती रही सुकून
शीतल छॉव की तरह।

धूल से, मिट्टी से, हवा से

धूल से, मिट्टी से, हवा से
घबराया लगता है
दर्द से, दवा से, दुआओं से
भर पाया लगता है
इस दौर-ए-तरक़्क़ी में इंसां
हर शय से सताया लगता है।

घर बसाना है चांद पर
दूर किसी मुक़ाम पर
बाजू में जो रहता है
वो शख्स पराया लगता है।
इस दौर-ए-तरक़्क़ी में इंसां
हर शय से सताया लगता है।

है आरजू कि मिल जायें
खजाने कोई खुल जायें
नेमतें जो आसपास हैं,
उनसे उकताया लगता है
इस दौर-ए-तरक़्क़ी में इंसां
हर शय से सताया लगता है।

पल-पल में बदलते ख्याल हैं
इसका उसका सवाल है
पर हर सवाल के जवाब से
खुद ही झल्लाया लगता है
इस दौर-ए-तरक्की में इंसां
हर शय से सताया लगता है।

बचपन से

बचपन से देखते आ रही हूँ
खेल कठपुतलियों का.....
परदे के पीछे होता है जादूगर
और सामने नाचती, लहकती
शोख, रंगीन, चमकदार कपड़ों में
काठ की पुतलियां...
ढोल नगाड़ों का शोर
और तालियाँ पुरज़ोर।
वो बहुत कुछ करती हैं
तलवार उठाती हैं,
डोलियाँ सजाती हैं
माधुरी से माइकल जैक्सन तक
बन जाती हैं....
उँगली के इशारे से
बदल लेती हैं किरदार
कभी मर जायें तो
फिर कर लेती हैं
जी लेने का इंतजार
पर देखिये कभी
चेहरे का भाव नहीं
बदलता
वही कानों तक खींची गयी

मुस्कान
और आँखों में सन्नाटा
जी हाँ वो काठ की होती हैं
डोर से बंधी होती हैं...
वो कठपुतलियाँ होती हैं।

हो गई पहचान

हो गई पहचान चंद चेहरों से,
अब खत्म हो गयी भीड़ में तलाश मेरी।

जो ढूँढते हैं मतलब मेरी तहरीरों में,
पढ़ भी लें कभी निगाहों को काश मेरी।

बस आदतन करते हैं हम गुप्तगू यूँ ही,
बातें नहीं हैं बाखुदा, कोई ख़ास मेरी।

वो पास हों, आराम हो, ढलती शाम हो,
है इससे बढ़कर नहीं कोई आस मेरी।

यारगी बस कुछ ही चीज़ों से है बावस्ता,
पड़ी रहती है सिरहाने इक क़िताब मेरी।

खुद लिख लिया, पढ़ लिया, बाँच लिया,
आ गई है नमकीन अश्कों में मिठास मेरी।

मरहम अल्फ़ाज़ों का

मरहम अल्फ़ाज़ों का, कभी दवा हो नहीं पाते,
पत्थर कितना भी तराशो, खुदा हो नहीं पाते।

लफ्ज़ों की बेचारगी, अब और क्या कहिए,
जज़्बातों को सँभालूँ कि बयां हो नहीं पाते।

लिहाज़ करना जरूरी है रस्मों रवायतों का,
ख्याल कितने भी बहकें जुबां हो नहीं पाते।

उम्मीदें अब तलक खाकसारों से करते रहे,
शर्मसार हैं कि खुद से राब्ता हो नहीं पाते।

सदियों निभाते हैं, निबाह की रस्म अदायगी,
कुछ अजीब सी आदतों से जुदा हो नहीं पाते।

मासूमियत उसकी

मासूमियत उसकी कितनों को खल गई
हिदायतों से उसकी झोलियाँ भर गयी।

जो गीत उठे मन में, गा लेना चुपचाप कहीं
गुनगुनाते गर मिल गयी तो भृकुटियाँ तन गयी।

कुछ इल्म ओ 'तहज़ीब सीखा नहीं क्या तुमने
हुलस के जो बातें की, तो खामोशियाँ जल गयी।

पैर पड़े अंगारे पर, तो टीस दबा लेना मन में
जो दर्द से चिल्ला पड़े, तो हैरानियाँ उबल गयीं।

बेतरहा उससे मज़ाक करती रहती हैं रवायतें
जो ऐतराज़ जताया कभी तो सलाहियतें बदल गयीं।

उसने भी चाहा बहुत, खुल के हँसकर देखना
कोशिशें की तो मगर, सिसकियाँ निकल गयीं।

लोग कहते हैं

लोग कहते हैं वक़्त कहाँ बदला
बस तारीख़ें बदली हैं जनाब!
पर इन तारीख़ों में ही तो
बदलता है वक्त का मिजाज़।
सुख हो या दुख
सब वक्त के मुआने पर खड़ी
कायनाते हैं...
रात गुज़रती है तो दिन है
और दिन में बदलती रातें हैं।
बदलती तारीख़ों के साथ
वक्त भी बदलता है...
कुछ एहसास बदलते हैं
कुछ सच भी बदलता है।
ये बदलती तारीख़ें ही तो
बदलते वक्त को करीब लाती हैं
कुछ दर्द देकर जाती हैं
कुछ ख़्वाब नये सजाती हैं।
वो किस तरह भूलेगा
उन तारीख़ों को
जब दिलों पर दस्तक से
खुलते थे दरवाज़े
और नैनों के चिराग से

होते थे उजाले
उस वक़्त का मतलब उसने जाना
जिसके आंगन में गूंजी थी
पहली किलकारी
और लड़खड़ाते नन्हें कदमों ने
कितनी बाजी मारी।
वो बरस आज भी बसा है
उन कागज़ पर लिखी तहरीरों में
जो हासिल किया था बाअदब
कितने इम्तहानों में।
भूलता नहीं है उस वक़्त का कहर
जब सर से उठता है साया
उनका, जिनकी नेमतों से
दुनिया में सब कुछ पाया।
वक़्त ख़ामोश है
पर सब कुछ अपने में समाये होता है...
हर साल कुछ तो बदलता है
हर हाल नया कुछ होता है

वो अपने में गुलज़ार रहता है

(बड़े बेटे शिखर के जन्म दिन पर)

वो अपने में गुलज़ार रहता है....

कभी अक्स ढूँढ लेता हूँ अपना
समंदर की लहरों में
और डूबता उतराता है-

कभी बेहताशा भीड़ में
खोये वक्त सा
खो जाता है-

अक्सर गुनगुनी धूप में
अपने खामाशियों से
बतियाता है-

कभी नज़्म तो कभी गीतों में
अपनी तन्हाइयों को
गुनगुनाता है-

कभी गहराती उदास शामों
को कुछ सुहानी
धुनों से सजाता है-

कभी ठिठुरती रातों को
घर की सौंधी यादों
से जगाता है–

कभी कुछ पुराने यारों की
खट्टी-मीठी बातों से
महक जाता है–
कभी ओढ़ के चादर
ख़्वाहिशों की सर तक
देर तक सो जाता है–

बस अपने में गुलज़ार रहता है...।

किसको सुनाता है तू

किसको सुनाता है तू
किस्सा ए गम ग़ाफिल,
पहलू में हर शख़्स के
है टूटा हुआ एक दिल।

शिक़वे नये पुराने
तक़दीर के फसाने,
ये रंजिशें अदावतें
ये अंजाम ए मोहब्बतें।

फितूरी बातें हैं सब
क्या होगा कुछ हासिल,
पहलू में हर शख़्स के
है टूटा हुआ एक दिल।

अब ढूँढ ले दीवाने
खुशियों के बहाने,
तू छोड़ दे सरगोशियां
दिलों में हैं जो दूरियाँ।

माहौल ए महफिल है जो
हँस के तू उसको बदल,
पहलू में हर शख़्स के
है टूटा हुआ एक दिल।

बादलों से आँसू क्या टपके

बादलों से आँसू क्या टपके
धरती हरी हो गई,
समेट कर खुशबुएँ तमाम
हूर की परी हो गई।

नदिया जो अलसायी थी
चंचल बड़ी हो गई,
छाया मेघों की पाकर
साँवल दुपहरी हो गयी।

फिर मौसम की सूरज से
आँख मिचौली हो गई,
नीले-नीले अंबर की
छब सिन्दूरी हो गई।

गहराते काले आँचल में
अजब पहेली हो गई,
न चाँद दिखे, न तारे
रात अकेली हो गयी।

बादलों से आँसू क्या टपके
धरती हरी हो गई,
समेट कर खुशबुएँ तमाम
हूर की परी हो गई।

डूब के जो

डूब के जो गहराईयों से उबरते हैं,
किनारों से भी वो बेतरहा बचते हैं।

रंग रोगन जिनके हो बाहरी दीवार पर,
अंदर वो टूटे खंडहर सा दरकते हैं।

चहकते नहीं परिंदे हादसों के शहर में,
सन्नाटे भी किसी शोर को तरसते हैं।

पैसे लेकर आ गये रौनक ए बाज़ार में,
चलिये कुछ खुशियाँ खरीद के रख लेते हैं।

मेरी आँखों में

मेरी आँखों में ख़्वाबों ने इक उम्र गुजारी है,
बादस्तूर इनकी खुशनुमाई आज भी जारी है।

रोशन इस कदर है, मेरी उम्मीदों का सफर,
सरे राह खुदा ने मानो चाँदनी उतारी है।

रौनक ए महफिल में खूब है उनका असर,
दिन गुजरते हैं शाइस्ता, शामें खुशगवारी हैं।

उनकी चाहत का सलाम रूख़सारों पे है नज़र,
इस जलवा ए नुमाई से, ये उम्र भी हारी है।

आज फिर

आज फिर सब्र के तार टूटे हैं
आज फिर दिल के गुबार फूटे हैं,
फिर छा गयी दुख की बदली
फिर अश्रुओं के जलधार छूटे हैं।

फिर दाँव-पेंच संतति ने खेले
फिर दे देकर उपहार लूटे हैं,
बीच समन्दर में जाकर देखो
कितने हाथों से पतवार छूटे हैं।

फिर मन विचलित हुआ शायद
फिर उम्मीदों के हार टूटे हैं,
शांत धरा पर तने हुये ज्यों
मंदिर जैसे घरद्वार टूटे हैं।

जो ज़ख़्म पुराने

जो ज़ख़्म पुराने
कुछ भरने लगे,
फिर तुझसे मिलने को
तरसने लगे।

चंद मुलाकातों की
शिफ़ा ऐसी जानिये,
ख़ुश्क ज़मीं पर जैसे
मेह बरसने लगे।

मनमर्ज़ी अश्कों की
अब क्या कहिये,
हँसते हुये भी कभी
आँखों से छलकने लगे।

आ गये वापस
जश्न ए बारात से,
फिर उधड़े कपड़ों से
तन ढँकने लगे।

हवाला देकर
ख़ुदाया तेरे नाम का,
सजदा वो जाने किस
बुत का करने लगे।

वो ज़ेहन में आती है

वो ज़ेहन में आती है
फ़िज़ां ए बाग़ की तरह
और दिल के महकमे को
शादाब कर जाती है...
ठहर कर मेरी आँखों में
किसी ख़्वाब की तरह
मेरी सूनी रातों को
आबाद कर जाती है।

इस तरह होता है उसका
तसव्वुर में आना-जाना
सुराख़ों से छनकर जैसे
रोशनी का चले आना...

कोई शिफ़ा मेरी चाहत को
बेदाग कर जाती है।

बेइंतेहां सरगोशियाँ हैं
आज इन फ़िज़ाओं में
पैग़ाम शायद उसी ने
भेजा है हवाओं में ...

कोई सबा मेरी चौखट को
आदाब कर जाती है।

गुनगुनाते हैं हम

गुनगुनाते हैं हम
अपनी ही तहरीरें
कद्रदानों की हमें दरकार नहीं
दिल हमारा चाहिये
इन जज़्बों के लिये
हर दिल में तो इतना प्यार नहीं।

टूट कर भी देखो
हम कहाँ बिखरे हैं
अपनी तमाशगीरी को
हरगिज़ तैयार नहीं।
हम वो परिन्दे हैं
जो जायेंगे आसमाँ से परे
इन दरख़्तों में ही बस
हमारा संसार नहीं।

चाँद तारों का
बहुत रूआब सही
उनकी हस्ती से
हमें इनकार नहीं
पर करते हैं रोशन
जुगनू भी रातों को
आसमाँ पर जिनका
कोई अधिकार नहीं।

हरसू दौड़ है ये ज़िन्दगी

हरसू दौड़ है ये ज़िन्दगी भी
थक से गये हैं जनाब
चलो, कुछ देर सुस्ताते हैं।

जिसका हर हर्फ है लाजवाब,
वो किताब उठाते हैं।
चलो, कुछ देर सुस्ताते हैं।

तरक्की की तेज धूप में
दूर तक चलते रहे
मील के पत्थरों की तरह
राह में जलते रहे।

अब बोझ हसरतों का
दिल से हटाते हैं जनाब
देखते हैं बस घर की खिड़की से
हम अपना आफताब।

शाम ढलने को है,
कहीं बैठ के गुनगुनाते हैं।
चलो, कुछ देर सुस्ताते हैं।

आरज़ू मोतियों की पाले
कश्तियों में गुज़र करते रहे
गहरे पानी पैठे नहीं
बस डूबते उतरते रहे।

अब दिल के दरिया में
ढूँढते हैं जनाब
वहीं शायद मिल जायें
कोई माणिक नायाब।

सुकूँ के खजाने से,
कुछ पल चुरा के लाते हैं।
चलो, कुछ देर सुस्ताते हैं।

आइना छुपा के मन का
भीड़ में घुलते रहे
हर आहट पे संभलते रहे
चौंक के जगते रहे।

अब पूछते हैं ये सवाल
खुद से ही जनाब
क्यूँ लगते हैं अधूरे से
हमको अपने ख़्वाब।

आज सुबह देर तलक,
मीठी नींद में मुस्कुराते हैं।
चलो, कुछ देर सुस्ताते हैं...
चलो, कुछ देर सुस्ताते हैं।

इतनी सी बात है

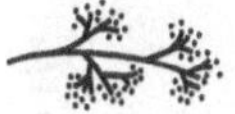

इतनी सी बात है क्या दूर तलक जायेगी
एक आवाज़ तो दो, सौ बार पलट आयेगी।

अदावत नहीं है ये कोई, इल्ज़ाम न दीजिये
इश्क़ की नफ़ासत, दलीलों में बदल जायेगी।

बुत बनाकर हमारा बाशौक़ जला दीजिए
तमाशा भी होगा, तबीयत भी बहल जायेगी।

जुनून हमको हुआ है, आप तो सलामत हैं
देखिये चंद रोज़ में, ये ख़लिश निकल जायेगी।

इतनी सी बात है क्या दूर तलक जायेगी
एक आवाज़ तो दो, सौ बार पलट आयेगी।

मन बता क्यूँ आजकल

मन बता क्यूँ आजकल
बेमिजाज़ है
किस बात से, तू है खफा
क्या एतराज है।
निगाहें जो तेरी गुस्ताख़ हैं
बदले हुये से अल्फाज़ हैं
किस बात से, तू है ख़फा
क्या एतराज़ है।

दिल में जो पलता ख्वाब है
अंधेरों में जलता चराग है
तेरे सफर में, लंबी डगर में
ये तेरा हमराज़ है
किस बात से, तू है खफा
क्या एतराज़ है।

समंदर में जो एक कश्ती है
नहीं कोई मामूली हस्ती है
बेख़ौफ़ है, बेलौस है
खुद अपनी दमसाज़ है
किस बात से, तू है खफा
क्या एतराज़ है।

बादलों की तरह

बादलों की तरह घिर आते हैं
बंद आँखों से भी गिर जाते हैं,
कुछ लम्हे कहीं जाते नहीं
दिल के कगारों में ठहर जाते हैं।

होता है कब किस को गुमां
वक़्त किस तरह बदलता है यहाँ,
छोड़कर पीछे अपने निशां
ये क़ाफ़िले सभी गुजर जाते हैं।

आज तुम नहीं, कल हम नहीं
क़ासिद नहीं, कोई मुन्तज़िर नहीं,
रुकता नहीं कभी कोई यहाँ
बस अफसाने बिखर जाते हैं।

पहरों पहर वो

पहरों पहर वो ख्यालों में रहता है...
बड़े लाजवाब सवालों में रहता है।

उसने पा लिया एक टुकड़ा आफताब....
हों अंधेरे कहीं, वो उजालों में रहता है।

बड़े लाजवाब सवालों में रहता है।

हसरतों का जिनकी कोई नहीं हिसाब ...
वो भी गोया, उन्हीं मिसालों में रहता है।

पहरों पहर वो ख्यालों में रहता है...
बड़े लाजवाब सवालों में रहता है।

न आशना है कोई

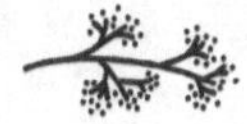

न आशना है कोई,
न ख़फ़ा सा लगता है
आजकल हर यार,
गुमशुदा सा लगता है।

जिरह कितनी भी हो
इस दफ़्तरी माहौल में
मुद्दा कोई खास भी
शगूफा सा लगता है।

आजकल हर यार,
गुमशुदा सा लगता है।

जो डूबता नहीं कभी
सागर में पाने को मोती
वो किनारे पे बैठा
उकताया सा लगता है।

आजकल हर यार,
गुमशुदा सा लगता है।

यार भी हैं, जाम भी

यार भी हैं, जाम भी और कुछ ग़म भी जिगर में,
वक़्त बिताने के लिये ख़ूब है मजमा तेरे शहर में।

गुम जहाँ होता है आफ़ताब, समंदर के उस पार,
डूबता है दिल भी हमारा, वहीं सुकूँ-ए-बहर में।

वो कुछ इस तरह करते हैं, क़द्र मेरी यारगी की,
कभी चाशनी भी मिला देते हैं, अपने दिए ज़हर में।

घरों की बहुत कमी देखी, मकानों के इस शहर में ,
बन्द ही मिलते हैं दरवाज़े, यहाँ चारों पहर में।

इस दिल ओ 'दानिश की, वो सादगी जीतने चले
बदगुमानियाँ दिलों में लेकर, बेचैनियाँ नज़र में।

शाम वही, शजर वही

शाम वही, शजर वही
तुझसे मिलने का पहर वही
पर पत्तों में अब वो खनक नहीं
हवाओं में वो इतर नहीं।

रवायतें इश्क़ की बदल गयीं
बदलते मौसमों सी ढल गयी
इंतेज़ारों की अब वो उमर नहीं
सदाओं में वो असर नहीं।

मयख़ाने में जो है मयस्सर
पानी-ए-शर्बत सा है बेअसर
दिल चीर के रख दे वो ज़हर नहीं
पैमानों में वो कहर नहीं।

हर युग में बस यही कहानी

हर युग में बस यही कहानी
एक था राजा, एक थी रानी,
राजा ने निज धर्म निभाया
रानी ने बनवास बिताया।

वो धर्म नहीं अनाचार था
पुरुषों का निर्मम संसार था,
सबने मिलकर एक छद्म रचाया
निर्दोष सिया को जंगल धाया।

रघुवर ये बलिदान नहीं था
तुमको कैसे ये ज्ञान नहीं था,
आडम्बर के सम्मुख शीष झुकाया
अग्नि परीक्षा को भी झुठलाया।

पुत्र बने तुम चाहे उत्तम
पर नहीं बन सके पुरुषोत्तम,
गठबंधन का कैसा उपहास बनाया
इक पुतले संग स्वांग रचाया।

जंगल-जंगल भटकी सीता
पावस हृदय, सरल पुनिता,
अग्निपरीक्षा से तन जल न पाया
पर मन आजीवन झुलसाया।

दारूण दुख था, गहन विचार
क्या मुझसे था बढ़कर संसार!
क्यूँ भीतर-भीतर घात लगाया
प्रणय में संदेह कहाँ से आया!!

मैं फिर सूली चढ़ने थी तैयार
मुझसे कहा तो होता इक बार!
सत्य तो शाश्वात है, निज न पराया
ये कैसा कर्तव्य निभाया!!

क्यूँ नहीं मेरा साथ दिया
मैं वस्तु थी, जो त्याग दिया!
हर क्षण वैदेही ने संताप मनाया
पर दोष नहीं अधरों पर आया।

हाँ, अंदर की आग में उसके
कुंदन जैसे दोनों सुत दमके,
फिर विधि विधान ने रास रचाया
तुमको ही जंगल बुलवाया!

अब बारी सीता की आयी
मर्यादा कुल की दिखलायी,
उलझी कड़ियों को सब सुलझाया
अनहोनी से तुम्हें बचाया।

बहुतेरे भाव उठे, मनुहार हुये
रिश्ते-नाते सब स्वीकार हुये,
तुमने फिर अपना स्वामित्व जताया
इस बार सिया ने चौंकाया!!

प्रभु! अब ये संभव नहीं है
मन में कोई भी द्वंद नहीं है,
राजमहल कदाचित रास न आया
घर मुझको माँ ने बुलाया।

अब नहीं ये पहचान चाहिये
अपने स्वत्व का भान चाहिये,
दृढ़ संकल्प अद्भुत सामने आया
प्रस्ताव तुम्हारा ठुकराया।

सभी रह गये हैरान, निरूत्तर
सिय समा गई धरा के अंदर,
कुलवधू का सम्मान जब हो न पाया
अब अधिकार कहाँ से आया।

क्या ओज था, क्या थी वाणी
ऋषि-मुनियों ने कही कहानी,
सिया ने स्वयं अपना गौरव पाया
स्त्री जाति का मान बढ़ाया।
स्त्री जाति का मान बढ़ाया।।

भूली बिसरी यादों के संग

भूली बिसरी यादों के संग
फिर स्मृति के पटद्वार खुले,
हम तराश बैठे थे मन को
फिर प्रस्तर प्रहार चले।

क्या खोया, क्या पाया हमने
फिर गठजोड़ गुणा भाग चले,
इसके उसके कर्मों का हम
लेखा-जोखा बाँच चले।

मंज़िल की थी राह कठिन
सो पग-पग डेरे डाल चले,
किसकी भूल, किसकी ख़ता
किस्से लेकर साथ चले।

अब पीर गहनतम होती है
जब जीवन की साँझ ढले,
झूठी सच्ची माया खातिर
कितने ताम झाम चले।

चंद दिनों का खेल तमाशा
क्या जीत, क्या हार चले,
जब दग्ध शयन की बारी आये
जब साँसो के पास चले।

खुली आँखों से मैंने

खुली आँखों से मैंने
देखे हैं ये सपने
पथरीली राहों के पार उधर
उम्मीदों का एक समन्दर
आनंदित, प्रफुल्लित लहरें
न कोई बंधन, न पहरे।
आच्छादित आकाश सुनहरा
पानी से कोई रिश्ता गहरा
उज्जवल, धवल पंछी
आसमान पर
निर्भीक उड़ते हैं निरंतर।
अविचलित किनारे जहाँ
समेटकर सारे तूफां
शान्त कर जाते हैं कितने उन्माद
खो जाते हैं कहीं सब अवसाद।
चमकता लहकता नीला जीवन
धरती, जल, वायु, गगन
प्रकृति के तत्व सब
एक प्राण, एक मन।

स्वप्न तुम आंखों में हर दिन आना
जीवन जीने का मर्म बताना
स्वप्न तुम हर दिन ही आना
तुम ही तो हो
जीने का बहाना।

जन्म से बँधा

जन्म से बँधा
बचपन से मिला
छाँव सा गहन,
धूप सा खिला
इस दहलीज़ से
उस दहलीज़ तक
हर सुख-दुख में
संग-संग चला
निर्मल सौग़ातों का
अजब सिलसिला।

भीगे हुए सावन सा

भींगे हुए सावन सा, इतर तेरे दामन का
सुवासित कर जाता अणु-अणु मेरे मन वृन्दावन का।

पावस किसी भोर सा तेरी आँखों का उजियारा
रोशन कर जाता कोना-कोना मेरे घर आँगन का।

बासंती हवाओं का पेड़ों पर है पसरा डेरा
झलक दिखला जाता फूलों में चेहरा तेरा पावन सा।

७

मैं जिसकी जिन्दगी में

मैं जिसकी ज़िन्दगी में हाशिये पे
चली जाती हूँ कभी
वो कहानी है मेरे पूरे जीवन की !
मैं बनती हूँ, संवरती हूँ
हँसती हूँ, चहकती हूँ
उसकी खातिर....
समंदर में उन लहरों की तरह
जो बनती हैं, बिगड़ती हैं
बिखरती हैं, सिमटती हैं
कि छू लें उस सैलानी का तन मन
खींच ले उसके जीवन की
हर जलन, हर तपन
पर वो बेखबर कभी तकता है आसमान
तो कभी समंदर में नाव को
और लहरें हैं कि मचल-मचल उठती हैं
कितने अरमान से
कदमों में आ-आ के लिपटती हैं
कि ज़िन्दगी यूँ ही चलती रहे
उसके कदमों तले
उसके साये तले
उसकी निगाहों में, उसकी पनाहों में।

बचपन साकार था

(छोटे बेटे प्रखर के जन्म दिन पर)

बचपन साकार था मेरे समक्ष
अपने पूरे सौन्दर्य के साथ
मेरे आँचल में बँधा
मेरी देहरी में सिमटा
एक पूरा आकाश।
उज्जवल, धवल
निर्मल, सरल
वो नन्हा सा चेहरा
वो भोली सी बातें
वो कोमल हाथों का स्पर्श
जैसे पाठ सा
वो रूठना-मनाना उसका
गुड़ जैसे स्वाद का।
वो उन्मुक्त हवाओं सा
अपनी कल्पनाओं में राजा सा
सपनों की दहलीज़ पर
हर दिन दस्तक देता सा।
रहता वहीं कहीं
बस आसपास
सिंचित करता पल-पल
मेरे अंतर का सुखवास।

आँखों के दो सकोरों से

आँखों के दो सकोरों से
आँसुओं को बहा दिया,
आसमां के मीठे पानी में
इस ख़ार को मिला दिया।

कोई झाँक कर देखे ज़रा
है कितनी धूल, मिट्टी जमा,
खुश्क दिनों की धूप ने
कू-ए-दिल को सुखा दिया।

तरीक़े और भी अपनाईये
हर बार पत्थर न उठाईये,
जो दूर खडा था भीड़ से
उस शख़्स को समझा दिया।

देखे जो कुछ बोझिल से
सभी के मन महफिल में,
तो अपने किस्सा-ए-ग़म में
एक लतीफा मिला दिया।

गुल क्यों उस बाग़ के

गुल क्यों उस बाग़ के बिखर गये थे राह में,
हवा तो पहुँची थी वहाँ, बस खुशबू की चाह में।

कोई और बात होगी जो मंज़िल नहीं मिली,
मील के पत्थर तो हर कदम पर थे राह में।

वो भूल से शायद उसकी महफिल में आ बैठा,
चुभ रहा था काँटे सा, जो सबकी निगाह में।

लेते हैं परवाज़ सभी, अपने ठिकानों की ओर,
उड़ते नहीं परिंदे कभी, हवा के बहाव में।

चांद बन के वो

चांद बन के वो मेरी रातों के
क़तरा-क़तरा बदलते रहे,
फासले जो दरम्यां थे, सिमटने को तरसते रहें।

हम अक्स उनका
निगाहों में बसाकर,
आईने में ख़ुद को परखते रहें।

बज़्म में रक़ीबों के
वो क़िस्से सुनाकर,
ख़ाक मेरी उम्मीदों को करते रहें।

अलग सी थी मैं

अलग सी थी मैं
अपना सच कहना
आदत थी मेरी
अनगढ़ सी, बेलौस सी...
किसको पसंद हूँ, किसको नहीं
फ़िज़ूल सी बातों में
मन कभी उलझा ही नहीं।
किस वक़्त क्या करना है
हिसाब कौन रखता था
दिन के हर ज़र्रे में
अपना सा कुछ दिखता था।
मैं भीड़ का ही हिस्सा थी
पर तमाशाई बन कर नहीं
सत्य और स्वत्व लेकर
उतरती थी हर मंज़र में
जोड़ने टूटे सिरों को
आहत हो रहे भरोसों को।
कहती थी वही
जो जानती थी सच
सुनती थी वही
जो मनती थी सही
आँखों में भरोसा था घना

जी रही थी जाने बिना....
वो वक्त था रियायतों का
तट से दूर उन्मादी लहरों का।
नही देख सकीं कि क़दमों तले
जंज़ीरे बहुत थी आसपास
बस खुली पड़ी थीं......
कुछ दिनों की मोहलत थी शायद
कोई खास मेरे पास।

कभी आग, कभी तूफां, कभी पानी है

कभी आग, कभी तूफाँ , कभी पानी है
जाने क्या-क्या मेरी कहानी है,
कभी दायरा है, तो सैलाब कभी
मेरे जज़्बों की अपनी रवानी है।

गर जान लो तुम भी तो सुकूं से रह सकोगे
मेरी इज़्तिराब ए तबीयत को सह सकोगे

मैं उसी में हूँ क़ैद, उसी से रिहा,
ये जो तिलस्म ए ज़िंदगानी है।

आकर देखो मेरे रस्तों में हर कदम पे डेरे हैं
मंज़िल की दरकार नहीं, मुकाम बहुतेरे हैं

मैं खुश हूँ यहीं, यहीं पर ख़फा,
बड़ी मुख़्तलिफ़ सी परेशानी है।

खुदाया मेरे हाल ए दिल का

खुदाया मेरे हाल ए दिल का कभी तो ज़िक्र हो,
बेसबब यूँ मुस्कुराने से किसी को तो फ़िक्र हो।

ज़माने के ताज ओ असबाब की जिनको नहीं तलब,
कभी उनकी भी सादगी पर किसी को तो फ़क्र हो।

देखा नहीं जिन क़दमों को किसी दौड़ में शामिल,
कभी उनकी भी आहटों का कोई तो ज़िक्र हो।

किसी जागीर की तरह

किसी जागीर की तरह, सब के हिस्से बँटते रहे,
हम कभी कम तो कभी ज्यादा, बाखुदा मिटते रहे।

किसी ने हमनफस, तो किसी ने कह दिया बदकार,
हम जब तक रहे महफ़िल में, दीदावर परखते रहे।

कच्ची ज़मीन पर खडे थे, वो तेरे दर ओ '-दीवार,
जो कभी टूटे कभी दरके, तो कभी बिखरते रहे।

जिसने भी जब माँग लिया, कर न सके इन्कार,
प्यार ही था जमा किया, प्यार ही खरचते रहे।

दुआ सलाम मिलती रही तो बन गये फ़नकार,
रस्ता मगर आम ही था, हम जिस पर चलते रहे।

खाली कर गये कमज़र्फ़

खाली कर गये कमज़र्फ़
बेहतरीन दरिया ए शराब,
चंद बूंदें आब-ए-चश्म की
मेरे हिस्से में आईं जनाब।

कुछ ज्यादा है कारोबारी
जहाँ का हिसाब-किताब,
बस वही उधेड़े जाते हैं
जो बुने जाते हैं ख़्वाब।

कोलाहल है बहुत यहाँ
हर तरफ मेरे आसपास,
ढूँढ रही है कानों को
मेरी अपनी ही आवाज़।

कोशिश करके देखिये
है मुश्किल में अल्फ़ाज़,
बन जाता है खुद सवाल
मेरा अपना ही जवाब।

जन्नत की ख़्वाहिश में

जन्नत की ख़्वाहिश में ग़ाफ़िल
बस फ़लक तकता रहा,
उस नूर से बेखबर रहा
जो आसपास बिखरा रहा।

ना रौनकें रुख़सारों पर
ना इश्क़ दिलों में नज़र आया,
सुबह से शाम तलक वो
बस आयतें पढ़ता रहा।

अंधेरा ढल ही जायेगा
ये कुछ लम्हों का फेरा है,
चराग़ फितरत से नहीं
उम्मीदों से जलता रहा।

वो नहीं ढाल सका
संगमरमर की मीनार कोई,
तो मोहब्बत की मिट्टी में
फूल सा खिलता रहा।

ज़िन्दगी तेरी रफ़्तार से

ज़िन्दगी तेरी रफ़्तार से
बहुत धीमे हैं
मेरी हसरतों के कदम।
थम जाते हैं कहीं भी
किसी भी आरामगाह में
जहाँ सूकूँ की चटाई पर
मिल जाता हो तकिया
सौहार्द का...
और परोस दी हो
किसी ने प्रेम की अटपटी राटियाँ
यादों की
खट्टी-मीठी चटनियों के साथ
बाँटकर जहाँ सुख-दुख के पेड़े
छककर शांत होती हो
क्षुधा अपनेपन की....
और तृप्त होती हो
पिपासा मन की
पीकर संवेदना के चंद घूँट ...
ऐसा होता है कई बार
और हो जाती है बेकार
तुझसे कदम मिलाकर
चलने की कोशिश बार-बार।

दर्द दिल की परतों में

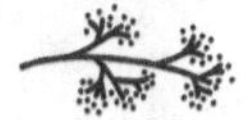

दर्द दिल की परतों में कुछ ऐसा दबा रहा,
न लफ़्ज़ों में कह सके, न ख़ामोशी में बयाँ हुआ।

तारुफ़ उसका गर देते भी तो क्या कहते,
कैसे कहूँ कि मेरा है, जो हर तरफ बिखरा हुआ।

लुट गया है शायद फिर किसी पड़ाव पर,
महफ़ूज़ जगह की तलाश में कारवाँ बढ़ता हुआ।

आज देखा है एक तारा टूटकर गिरते हुये,
दिल शर्मसार हो गया कुछ उससे माँगता हुआ।

चंद फ़ितूरी लोगों की भीड़ थी वहाँ जमा,
क़िस्से सुना रहा था वो मन से गढ़ता हुआ।

दिख जाता है पूरा आसमान

दिख जाता है पूरा आसमान
उस अदना से सुराख से
जिसे हम बंद कर देते हैं
कि आमद न हो
कमरे में
गर्म हवाओं की
अनचाही सदाओं की
बिन बुलाये ही जो धमक आती हैं
उन बलाओं की....
पर सुराखों को बंद करने से
जो मिलती है दीवार
वो होती है कैदख़ानों की
तहख़ानों की....
जहाँ बंद होती हैं
सारी संभावनाएँ
झुरमुटों में आती रोशनियों की
हवाओं की, ताज़गी की,
और खुशबुओं की।
हमने सीखा है
हिफ़ाज़त का मूल-मंत्र
कि बदलाव की गंध न
फैलने पाये
इन गलियारों में

पर नहीं जाना कि
गुंजाईश होती है जहाँ भी
रोशनी की, हवा की
वहीं पनप आती हैं कोपलें
उम्मीदों की
करवट लेती आवामों की।

नफरत की भट्टी में

नफरत की भट्टी में दावानल सा बना रहा,
वो प्रेम के छींटे लेकर बेबस सा खड़ा रहा।

बादशाहियत कैसे मिलती है, बताईयेगा ज़रा,
सीनों पर तो खाकर वार, वो प्यादा बना रहा।

स्याही रात की, चारों तरफ थी बिखरी हुई,
चाँद किसकी मर्ज़ी से बादलों में छुपा रहा।

आसमां पर भी सियासत का खेल जारी है,
कभी नदियां उबल पड़ीं, कभी सूखा पड़ा रहा।

उम्र गुज़र गई आधी, शिकायतें करते हुये,
कुछ आँसुओं में कहा, कुछ कागज़ों में दबा रहा।

पन्ने क़िताब ए ज़िन्दगी के

पन्ने क़िताब ए ज़िन्दगी के, इतने पढ़े जनाब,
पर आज तलक मिले नहीं, मुकम्मल से जवाब।

बीज कहाँ खो गया, वो मिट्टी में दबा हुआ,
धूप हवा-ओ-पानी का जब पूरा रखा हिसाब।

आईना बरसों बरस, जैसा था वैसा रहा,
कुछ चेहरे बदले नहीं, कुछ दिखने लगे ख़राब।

उसकी भी आबरु पर, कई छींटे उड़ा गये,
तेज़ हवाओं में भी जिसने पकड़े रखा हिजाब।

गुरुर किस बात का जब देते हो सलाह,
वक़्त सबको दे जाता है, अपना एक जवाब।

समय के पहिये में

समय के पहिये में जकड़े हैं
हमारे तन, हमारे मन
नापते रहते हैं हम अक्सर
दिन महीने, मौसम...
एक बरस, दो बरस, दस बरस
बरस-दर-बरस का ये वक़्त
एक पूरा सफर
जाने कहाँ से कहाँ तक!
पर हैरानी है कि
पलक झपकते ही गुज़र गया
कितनी अनमेल यादों से संवर गया
कितने ख्वाबों को बसाया हमने आँखों में
अपनों के संग बातों-बातों में।
कितने अफसाने बयां हुये
हर दिन के जज़्बातों में...
किन्हीं पलों में शायद ये दिल
नाशाद हुआ हो,
पर याद नहीं कि हताश हुआ हो।
वो आँगन की धूप,
वो आम का पेड़
वो बच्चों की किलकारी
वो रीति-रिवाज़ अनेक

सभी तो साक्षी बने
उस सौहार्द का
जो दो धड़कनों के दरम्यान
निःशब्द पसरा रहा
और कितने कहे-अनकहे
वादों में बसर करता रहा,
निखरता रहा, सँवरता रहा
मन के कोने-कोने में
संदल सा महकता रहा।

बहुत गुज़रे हैं

बहुत गुज़रे हैं दौर ए इम्तेहान से
अब कुछ तेरा करम चाहिये,
अपनी तन्हाईयों में भी खुश रह सकें
कोई तो ऐसा भरम चाहिये।

दरख़्तो के बीच उलझे थे मेरे पाँव
कहीं तेज धूप, कहीं ठंडी छाँव
खुले आसमानों में अब उड़ सकूँ
परिंदे सा इक पैरहन चाहिये।

तेरी ख़ामोशियों से है मुझको गिला
कभी तो ज़माने से आँखें मिला
मेरी परछाईयों को जो भी थाम ले
ऐसी निगाह ए सनम चाहिये।

कब तक ये चलन निभाना होगा

त्याग तपस्या जो भी रीत
बिंधने दो चाहे मन-मारीच
बाहर रेखा के जाना होगा
हिरण स्वर्ण का पाना होगा।
कब तक ये चलन निभाना होगा!

जीवन पाँसे का खेल है
छल बल का बस मेल है
दाँव पर चढ़ गयी अस्मिता
मुँह तो कहीं छुपाना होगा।
कब तक ये चलन निभाना होगा!

घिरकर हो जाने दो ध्वस्त
चढ़ता सूरज हो जाये अस्त
अँधेरा कितना भी गहराये
कुचक्र फिर भी रचाना होगा।
कब तक ये चलन निभाना होगा!

तैयारी कितनी भारी है
राजतिलक की बारी है
षड्यंत्रों ने रचा तमाशा
किस्मत को दोष लगाना होगा।
कब तक ये चलन निभाना होगा!

कितनी उदासियों को

कितनी उदासियों को अब तक सँभाले बैठा है,
ये दिल भी अजीब आदतों को पाले बैठा है।

जल जायेगा तेरा दामन, जो बाहर उछल जाएं,
इतनी शिकायतों को मन में उबाले बैठा है।

उम्र ढल चुकी जानम, फ़ितूर ए इश्क की जानिए,
शिक़वे हैं ये ख़ामख़ाँ, जिनके हवाले बैठा है।

इस अंजुमन में आइए, जाम जी भर के पीजिए,
वो शब-ए-इंतेज़ार के, किस्से निकाले बैठा है।

कहते कुछ और हैं

कहते कुछ और हैं, इल्तज़ा और है,
जो वफ़ा सी लगे, ये जफ़ा और है।

न ही खोया कभी, और न पाया कभी,
जो सज़ा न लगे, ये सज़ा और है।

जाम जब भी मिला, शुक्रिया-शुक्रिया,
होश खो देने का, हाँ मज़ा और है।

क्या हुआ जो नहीं, वो सफ़र में कहीं,
उनकी मंज़िल अलग, रास्ता और है।

नाम अपना नहीं, आशिकों में कहीं,
हाँ ये किस्सा अलग, दास्तां और है।

मन बता आज क्या तेरा मिजाज़ है

मन बता आज क्या तेरा मिजाज़ है!
क्या नया सा है आज, क्या खास है!!

तू जो समन्दर के बीच है
लहरों के सामने नाचीज़ है,
फिर भी तू अठखेलियाँ करता है
कितने तुफानो से गुजरता है।

बाखुदा इन हौसलों का क्या राज है!
मन बता आज क्या, तेरा मिजाज़ है!

ये जज़्बे जो तेरी निशानी हैं
बस चंद साँसों की कहानी हैं,
फिर भी तू राह कठिन पकड़ता है
मंज़िलों से आगे निकलता है।

क्या आसमानों से परे तेरी परवाज़ है।
मन बता आज क्या, तेरा मिजाज़ है।

कल तू था बेबस, लाचार
खुशियों का गुम था संसार,

फिर तूने हँसने के बहाने पा लिये
फिर गीत नये गुनगुना लिये।

तू भी क्या खूब एक तिलस्मी क़िताब है!
मन बता आज क्या तेरा मिजाज़ है!!

कानों में चुपके से

कानों में चुपके से ये कह गयी राधा,
बाँटती हूँ तुमसे मैं दर्द अपना आधा।

वो छलिया था या सच थी उसकी लगन
भूलता नहीं कोई उसकी चितवन,
इस गोकुल में इक मैं ही नहीं राधा
हर बाला के मन का चितचोर वो आधा।

आधी हूँ गृहस्थन मैं, आधा घर आँगन
जंगल-जंगल भटकूँ मैं बनकर सन्यासन,
वो द्वारकाधीश और मैं ग्वालन राधा
कैसे माँगू रुक्मी से सुहाग उसका आधा।

कानों में चुपके से ये कह गयी राधा,
बाँटती हूँ तुमसे मैं दर्द अपना आधा।

मुख़्तलिफ से अहसास

मुख़्तलिफ से अहसास, जुबाँ से बोलता कैसे,
भीड़ बहुत थी आसपास, राज़ ये खोलता कैसे !

उस दिन देर तक सहर नींद से उठाती रही,
बंद पलकों में था चाँद, निगाहें खोलता कैसे !

ज़ेहन में रात ख़्यालों की खूब आवाजाही रही,
मिलते रहे पैग़ाम-ए-वफ़ा, उन्हें टोकता कैसे !

वो आँखों की जुबा से कितने सवाल कर गए
लफ़्ज़ों में थे मेरे जवाब, खुदारा बोलता कैसे !

वो पहली दफ़ा आँखों से बेबाक़ी दिखा गये,
देर तक छलकते रहे जाम, उन्हें टोकता कैसे !

मेरे रक़ीब ने भी बज़्म में उनको किया सलाम,
हक़ उसके भी हैं तमाम, किसी को रोकता कैसे !

बहुत भटक चुका

बहुत भटक चुका
इधर–उधर
बनकर बंजारा,
मन बेचारा
अब इसको भी चाहिए
एक घर!
घर जिसमें न सेंध लगायें
भय, लोभ, निराशाएँ
पर दर से न वापस जाएं
सुंदर, सरस आशाएँ।
उस घर की छत पर
विश्वास की चादर तनी हो
और हौसलों की मिट्टी से
दीवारें बनी हो
जिस पर खुशियों की
बेल चढ़ी हो।
और दिखता हो सूरज
उम्मीदों का
खिड़की के पार उधर
बासंती हवाओं का
हर कोनों में हो रह गुज़र
मन जहाँ खिलखिलाए खुल के

जब चाहे ख़ामोश रहे
जब चाहे बतियाये ख़ुद से।
सुरक्षित हों वहाँ
अंतर के सपने
बाहर न आयें कभी
बाज़ार में बिकने।
न मन हो किसी दौड़ में शामिल
और न रहता हो ख़ुद से ही हारा...
बहुत भटक चुका इधर-उधर
बनकर बंजारा, मन बेचारा!
अब दे दो, मन को घर
वरना पछताओगे!
तुम हो जाओगे दर-बदर
अभी तो मन भटक रहा है
फिर तुम भटकोगे इधर-उधर।

बहुत इंतज़ार किया

बहुत इंतज़ार किया पर आप मसरूफ़ रहे,
नादान हमारी बातों से बाख़ुदा दूर रहे।

हमने चाहा कि दर्द ए दिल की बात चले,
पर आप रुतबा ए नुमाईशों से भरपूर रहे।

फ़ुरसत में नहीं हम भी, पर आप से मंसूब रहे,
दर्द जुदाई का सहा और हँसते भी ख़ूब रहे।

शिकवे भी हैं हमको, रंज ओ ग़म भी मगर,
देखिये जुड़ गये आपसे तो मशहूर रहे।

कभी पूछ लिया आपने कि ख़ता क्या है,
क्या देंगे जवाब, ख़्यालों में सोचते ज़रूर रहे।

गुबार बेतरहा

गुबार बेतरहा
मेरी आँखों में भर गया
कोई कारवाँ अभी-अभी
दिल से गुज़र गया।

अब तक जो रखी थी
पलको में छुपा के नमी
बाखुदा आज वो उसको
तर-बतर कर गया।

आहटें कोई नहीं थीं
रास्ते ख़ामोश थे
फिर कहाँ से तीर ये
दिल के पार उतर गया।

ये इश्क़ नहीं शायद
कोई जंग जारी है
वो पहले दिल से गया
फिर जाँ से गुजर गया

फिर वही तेरी जुस्तजू ,
फिर वही खुश्बू तेरी
फिर तेरी यादों से,
घर ये सारा भर गया।

बात इतनी सी है

बात इतनी सी है क्या दूर तलक जायेगी,
इक बार आवाज़ तो दो, सौ बार पलट आयेगी।

अदावत नहीं है ये कोई, इल्ज़ाम न दीजिये,
इश्क़ की नफ़ासत दलीलों में बदल जायेगी।

बुत बनाइये हमारा, शौक़ से जला दीजिये,
तमाशा भी होगा, तबियत भी बहल जाएगी।

जुनून हमारा फ़ितरती है, आप तो सलामत हैं,
देखिये चंद रोज में ये ख़लिश निकल जायेगी।

वो साथ भी हों अगर

पहले की तरह वो खुलकर बातें नहीं करतें
साथ होते है मगर मुलाक़तें नहीं करते।

अब न रूठना है, न ही मनाना निबाह में,
इश्क के जिस पड़ाव पे, आ गये चलते-चलते।

तैयारी सब बेकार है, जो मंज़र सरे राह है,
हादसों का मिजाज़ है कि वो नहीं टलते।

तिशनगी जितनी बढ़ी, अश्क उतने पी गये,
आग आखिर बुझ गयी, समंदर बनते-बनते।

वो जीत कर भी खफा रहे, हम हार कर हँस दिये,
उलझने बढ़ती गयी, देखिए सुलझते-सुलझते।

तेरी महफ़िल में

तेरी मेहफ़िल में मेरा वजूद, जैसे भीड़ में सन्नाटा है
कभी किसी कोने में गुम है, कभी इक तमाशा है।

तेरे दर पे बादस्तूर, मेरे जज़्बों की सलामी है
तेरी बातों से मशहूर, मेरे क़िस्सों की बयानी है
कहीं उम्मीदों का गुजर है, कहीं कुछ हताशा है।

न मेरा, न तेरा कसूर, जो ये उलझी सी कहानी है
आगे क्या होगा मंजूर, कशमकश ये भी पुरानी है
ये लकीरों का असर है, जो दिल दुखा सा है।

दे आई मैं नेह निमंत्रण

दे आई मैं नेह निमंत्रण
आज तिहारे द्वार पिया,
न कोई चिठिया, न पाती
मन का ही उपहार दिया।

अखियाँ पानी-पानी
फिर भी सावन रीता जाये,
कटे नहीं बनवास ये बैरी
जीवन बीता जाए

छोड़ के सारे मान मनव्वल
कर आई मनुहार पिया,
न कोई चिठिया, न पाती
मन का ही उपहार दिया।

कोई भी हो रंग तिहारा
मेरे मन को भाये,
साया तेरा सतरंगा है
सारे रंग समाये

तुझसे ही मेरा ये जीवन
मेरा ये संसार पिया,
न कोई चिठिया, न पाती
मन का ही उपहार दिया।

धूल नहीं, वो रंगोली है
जो तेरे पग से आये,
मेरी चौखट का तोरण भी
तुझसे आस लगाए।

सज जाये ये सूना आँगन
मन जाये त्यौहार पिया,
न कोई चिठिया, न पाती
मन का ही उपहार दिया।

अबके बरस

अबके बरस मोहे सावन न भाये
बिजुरी जो चमके तो मन घबराये।

राग पपीहे ने सब झूठे गाये
पिया तुम्हें तो परदेस लुभाये।

कोई संदेसवा न हमको सुनाये
कौन दिसा से जाने पुरवैया आये।

आईना दीखे तो नजरे चुराएं
कौन निहारे, जो खुद को सजाएं।

कारी बदरिया जी को जलाये
आये ये आये, क्यूँ न तुम देस आये!

कोई जो मुझसे पूछता

कोई जो मुझसे पूछता, मेरी वफाओं का पता,
सजदे में तेरे झुकाता, सिर अपना सौ-सौ दफा।

मुमकिन नहीं के भूल जाऊँ,
सदायें तेरी मैं सुन न पाऊँ...

सरहद से तेरी घिरा इस दिल ओ जाँ का रास्ता,
सजदे में तेरे झुकाता, सिर अपना सौ-सौ दफा।

क़ाबिल जो तेरे बन सका,
बस इतनी सी है इल्तिजा....

जिस मिट्टी से मैं बना, उस मिट्टी में रहूँ सदा,
सजदे में तेरे झुकाता, सिर अपना सौ-सौ दफा।

यूँ दरम्यां हमारे

यूँ दरम्यां हमारे फ़ासले बढ़ते रहे
कुछ तुम कुछ हम ज़रा-ज़रा बदलते रहे

बेमुरव्वत है बड़ी, धूप इस वक़्त की
चले थे साथ जो वो साये पिछड़ते रहे

मुस्कुरा के कभी, तुम मिलते तो सही
क्यों मेरे बाजू से बच के निकलते रहे।

जादू से तेरे

जादू से तेरे बच के निकल जाऊँ
इतना नहीं है हुनर
तेरी निगाह से जो बँध रहा हूँ
अब जाऊँगा मैं किधर।

बुझने न दूँगा कभी
दिल में जो लौ जल गयी
हवाओं को भी कर दो खबर
मुझको नहीं कोई फ़िकर
कर लें इधर भी गुज़र।

साहिल पर बैठा हूँ
मौजों से कहता हूँ
दिल में सौ तूफां इधर
फिर भी नहीं है कोई डर
जो भी हो मेरा हशर।

जी ले ज़रा

जी ले ज़रा इन लम्हों को जी ले
क़तरे सभी दिल के यहीं सी ले

सूखा नहीं दिल का सफर
ये तिशनगी है तेरा भरम
अश्कों के हैं प्याले कई पी ले।

मंज़िल नहीं अब मेरा ख़्वाब
इन रस्तों पे हैं सारे जवाब
नग़में यहीं गा ले कोई सुरीले।

राहें मेरी हैं सबसे जुदा

राहें मेरी हैं सबसे जुदा
औरों की राहों से जुड़ती नहीं,
चल मेरे साथ चल तू खुदा
इंसांकी इसमें तो हस्ती नहीं

मैं गुमनाम हूँ पर गुम तो नहीं
थकते कभी ये कदम तो नहीं
देता हूँ अक्सर मैं तुझको सदा
तुझ तक क्या वो पहुंचती नहीं!

कहीं है उजाला कहीं पर अंधेरा
तूफां भी तेरा, किनारा भी तेरा,
चल तुझको देता हूँ अपना पता
जहाँ है भँवर, मेरी किश्ती वहीं।

अमृत सा निर्मल है

अमृत सा निर्मल है,
गँगा का ये जल है
दौलत अपनी अमर है।

सदियों से सिंचित है,
धरती ये पुलकित है
ऋण ये कण-कण पर है।

कैसे होगा सुनहरा कल
दूषित अगर हो गंगाजल

बहता जो कल-कल है,
धीर है, चंचल है
जीवन ये निरंतर है।
पावस कथा है ये
सबको पता है ये
सत्यम शिवम सुंदर है।

दौलत अपनी अमर है।

जागो युवाओं जागो तुम
भागीरथी को सँवारो तुम
ऋषियों का तप बल ये,
लहराता आँचल ये
ममता का सागर है।

देवों का दर्पण है,
वेदों का दर्शन है
तीरथ घट-घट पर है।

दौलत अपनी अमर है।

ये इश्क़ नहीं है

ये इश्क़ नहीं है, कोई जंग जारी है,
दिल तो गया अब जाँ की बारी है।

वो नहीं पूछते हमसे, हाल क्या है,
ये अदब ओ लियाक़त तो हमारी है।

आज शिकृवा ए जलवा नुमाई है,
सुबह से शाम तलक उसकी तैयारी है।

दिल-विल की तो कर ली मरहम पट्टी
अब आँखों में काजल की बारी है।

कुछ कहते तो बात बिगड़ती शायद,
ख़ामोशी अक्सर लफ़्ज़ों पर भारी है।

शफ़क़ तेरी निगाहों का माँ

शफ़क़ तेरी निगाहों का माँ!
हर अंधेरे को हर गया।

साया तेरे आँचल का
हर धूप गुनगुनी कर गया।

नींद मीठी आई बहुत
जब-जब तेरे बिस्तर गया।

मरहम तेरी दुआओं का
हर चोट पे असर कर गया।

तेरी शिफ़ाओं से जो मिला
हर नेमत से घर भर गया।

ज़िंदगी से क्या और माँगते
इतना मिला कि मन भर गया।

आईना हूँ मैं

आईना हूँ मैं, मुझमें झाँको तो कभी
अपनी बेताबियाँ मुझसे बाँटो तो कभी।

दिल खोल के बातें किया करो
मुकम्मल सी जो लगे, मुलाक़ातें किया करो।

बनकर ख़्वाब मेरा, आँखों में समाओ कभी
अपनी बेताबियाँ मुझसे बाँटो तो कभी।

दर्द तेरा है, मेरे दिल में पलता है
ये रहगुज़र है मेरा, मेरे साथ चलता है।

बनकर मेहताब मेरा, राहों में आओ तो कभी
अपनी बेताबियाँ मुझसे बाँटो तो कभी।

ग़लतियो पे अपनी शर्मिंदा नहीं

ग़लतियो पे अपनी शर्मिंदा नहीं
इंसान हूँ मैं कोई देवता नहीं

यूँ बार-बार मुझपे जो इल्ज़ाम रखोगे
खुद अपने इश्क़ को बदनाम करोगे

जाऊँ कहीं भी मगर है लौटना यहीं
मैं शाख से जुदा परिंदा नहीं

इंसान हूँ मैं कोई देवता नहीं....

याद नहीं कब न तुम्हें याद किया हो
तुमसे ख़्यालों को आज़ाद किया हो

चाहूँ भी तो खुद को रोकता नहीं
अपने हाल का मुझको गिला नहीं

ग़लतियो पे अपनी शर्मिंदा नहीं
इंसान हूँ मैं कोई देवता नहीं

क्यूँ दिल ये बेक़रार है

क्यूँ दिल ये बेक़रार है, अजीब सा खुमार है
किसका मेरे ख़्वाबों पे, बेलौस इख़्तियार है
किसका मेरी नींदों पे असर ये बेशुमार है
क्यूँ अपने आप ही से, मुझको ये इनकार है

हवा है जो थमी-थमी, है शाम जो रुकी-रुकी
ये किसकी आहटों का, मुझको इंतज़ार है
धुआँ-धुआँ हैं रास्ते जाने किसके वास्ते
ये किसके काफ़िलों का, निगाहों में गुबार है!

रवा-रवा हैं धड़कनें, नई-नई हैं उलझनें
कब तलक छुपाना है, जो ख़ुशियों का ठिकाना है
वो मेरे आसपास है, वही तो सबसे ख़ास है
उसी की चाहतों का मुझको इंतेज़ार है

बला की जिसमें आग है, अदायें बेहिसाब हैं
मैं जिसकी लौ में जल गया, मोम सा पिघल गया
हैं मुंतज़िर उसी से मेरी ख़्वाहिशें हज़ार हैं...
हाँ, दिल ये बेक़रार है, ये दिल बेक़रार है।

फुदकती चहकती वह छोटी सी गौरैया

फुदकती चहकती वह
छोटी सी गौरैया
उस दिन बन गई बहुत ख़ास
जब तुमने सहलाया अपनी ऑंखों से
देखकर उसको आस-पास
वो आम का पेड़
कच्ची अमिया से महकता हुआ
बन गया साक्षी उस सौहार्द का
जो गुनगुनी धूप में
हमारे बीच निःशब्द पसरा रहा।
उन बसंती फूलों की
छटा हो गई और निराली
जिन्हें हमनें साथ-साथ निहारा
सरंचा अपने हाथों से
और प्यार से सँवारा।
वो घर बना
जड़वत चीजों से
पर उसे बस गया स्पंदन
जब तुमने स्पर्श किया
हर कोने को और जताया आपनापन।
मैं अनगढ़ सी थी
कुछ उलझी सी थी कुछ नादान
बस जब तुमने सराहा जो
बन गई मेरी पहचान।

जन्म बेटी का है ख़ास

जन्म बेटी का है ख़ास
बस माँ को आभास होता है...
जन्मदिन भी उसका, बस
उसी के लिए ख़ास होता है।

सौम्य सी सूरत उसकी
रहती है कुछ बेकल सी....
ये झाँकेगी मेरे अंतर्मन में
उसको विश्वास होता है।
जन्म बेटी का है ख़ास
बस माँ को आभास होता है...

घर आँगन की बगिया सा
महकता उच्छ्वास उसका....
अंदर बाहर की पुरवाई में
इतर सा अहसास होता है।
जन्म बेटी का है ख़ास
बस माँ को आभास होता है...

आँचल में माँ के खो जाना
बनकर छाया सा मँडराना....
बारह महीने सुख का जैसे
ठहर गया मधुमास होता है।
जन्म बेटी का है ख़ास
बस मां को आभास होता है।

जन्मदिन भी उसका बस
उसी के लिए ख़ास होता है.....